Wir lieben das Landleben.

Äpfel gibt es zwar das ganze Jahr, aber ab Ende August kommen die Apfelsorten aus heimischem Anbau auf den Markt. Grund genug, sich dieser köstlichen Obstsorte einmal besonders zuzuwenden und das reichhaltige Angebot fürs Backen und Kochen in vollen Zügen zu nutzen. Hierfür bevorzugt man in der Regel eher säuerliche Sorten, aber auch süße Äpfel können für Raffinesse sorgen.

Vorwort

Wie vielseitig der Apfel verwendet werden kann, zeigen die Rezeptideen in diesem Buch. Der Apfel ist ein perfekter Begleiter, nicht nur bei Kuchen und Torten oder Desserts. Diese Frucht ist auch fürs Pikante wunderbar zu gebrauchen. Äpfel harmonieren zum Beispiel mit vielen Salat- und Gemüsesorten genauso perfekt wie als Komponente bei Fisch- und Fleischgerichten. So ist das „Lachstatar mit Pink Lady auf Pumpernickel" eine ebenso raffinierte Kombination wie der Apfel-Radicchio-Salat, das Apfelrisotto mit Pilzen oder auch das Wildschweinfilet an Apfelsauce.

Backen und Kochen mit Äpfeln:
Da sind der Kreativität und Phantasie keine Grenzen gesetzt. Wählen Sie nach Belieben die Rezepte aus, die Sie einmal nachkochen möchten.

Viel Spaß auf Ihrer kulinarischen Entdeckungsreise!

Chinakohlsalat mit Apfel

S. 64

Kartoffel-Apfel-Gratin

S. 72

LECKERE Apfel-Küche

Kuchen & Co. mit Äpfeln

Herzhaftes mit Äpfeln

Einleitung

KLEINE APFELKUNDE

SÜNDENFALL „APFEL“ – EINE KÖSTLICHE VERFÜHRUNG

Schon Adam und Eva konnten dieser köstlichen Frucht nicht widerstehen – mit für sie unangenehmen Konsequenzen, wurden sie doch ob ihrer Genusssucht des Paradieses verwiesen. Selbiges hat niemand zu befürchten, der heutzutage oft und gern in einen knackigen Apfel beißt. Anhänger dieses Alleskönners gibt es hierzulande viele. Äpfel sind eigentlich das „Volksobst“ schlechthin. Jederzeit erhältlich, jedem bekannt, von fast jedem gemocht. Statistisch gesehen isst jeder Deutsche ca. 17 Kilo Äpfel und trinkt ca. 11 Liter Apfelsaft im Jahr.

EIN MULTITALENT IN SACHEN GESUNDHEIT

Der Apfel schmeckt nicht nur köstlich, er ist auch äußerst gesund. „An apple a day keeps the doctor away." Zu deutsch: „Ein Apfel am Tag erspart den Doktor." Diese Redewendung dokumentiert den enormen Gesundheitswert dieser Frucht. Den Wahrheitsgehalt belegen wissenschaftliche Studien. Das Obst enthält jede Menge Vitamine und Spurenelemente, die die körpereigene Abwehr stärken und die Herzgesundheit fördern. Bis zu 70 % der Vitamine befinden sich in der Schale oder direkt darunter. Deswegen sollte man zumindest bei ungespritzten Äpfeln auf das Schälen verzichten. Der Apfel enthält außerdem über 30 Mineralstoffe, dazu – je nach Sorte – 5 bis 35 mg Vitamin C. Ein wichtiger Inhaltsstoff des Apfels ist das Pektin, das den Cholesterinspiegel senkt, Schadstoffe bindet und wieder ausschwemmt. Dem im Apfel enthaltenen antioxydativen Wirkstoff Quercetin schreibt man zu, dass dieser das Wachstum bösartiger Tumore bremst. Last but not least hat sogar das Kerngehäuse noch Gesundes zu bieten: Es enthält Jod.

DIE ARTENVIELFALT DES APFELS

Es gibt viele verschiedene Apfelsorten. Die gängigsten und bekanntesten sind: Jonagold, Elstar, Boskop, Gloster, Golden Delicious, Braeburn, Cox Orange, Gala und Pink Lady. Gesund und lecker sind sie alle, unterschiedlich jedoch in Geschmack sowie Säuregehalt (säuerlich / süß) und in ihren Koch- bzw. Backeigenschaften (festes oder weiches Fruchtfleisch). Welche Äpfel eignen sich wozu?
Bei den Äpfeln wird zwischen Koch- und Tafeläpfeln unterschieden. Zur ersten Kategorie gehören z. B. der Boskop und der Gravensteiner. Diese Apfelsorten entfalten erst bei der Verarbeitung ihr volles Aroma. Zu den Tafeläpfel gehören z. B. Golden Delicious und Jonagold. Sie sind zum Rohverzehr geeignet, geben aber auch wegen ihrer süßlichen Note Saucen einen feinen, fruchtigen Geschmack.

Eine Auswahl an süßen und herzhaften Rezepten mit Äpfeln finden Sie auf den folgenden Seiten.

Kuchen & Co. mit Äpfeln

Apfel-Bananen-Tarte

TIPP: *Die Tarte schmeckt warm oder kalt. Besonders gut passen dazu Schlagsahne und/oder Vanilleeis.*

ZUTATEN

1 Paket Blätterteig am Stück (Kühlregal)
à 275 g (1 Stück à 25 x 42 cm)
2 große oder 3 kleinere Eier
1 Pck. Vanillepuddingpulver zum Kochen
1–2 Pck. Vanillezucker (je nach Geschmack)
½ TL gemahlener Zimt
200 ml Crème fraîche
3–4 Äpfel, 1 Banane
1 EL Haselnusskrokant

Apfel-Bananen-Tarte

ZUBEREITUNG

FÜR DEN BODEN eine Tarteform aus Keramik oder eine Tortenbodenform (26 oder 28 cm Durchmesser) fetten und leicht bemehlen. Das Blätterteigstück so in der Form ausbreiten, dass deren Rand an 3 Seiten bedeckt ist. Überstehenden Teig abschneiden, so dass er mit der Kante abschließt. Restlichen Teig da anlegen, wo die Form noch nicht bedeckt ist. Den Blätterteig fest andrücken und mit einer Gabel mehrmals einstechen.

FÜR DIE FÜLLUNG Eier verquirlen und mit Puddingpulver, Vanillezucker, Zimt und Crème fraîche zu einer glatten Masse verrühren. Äpfel vierteln, schälen und in Spalten schneiden. Die Ei-Masse in die Form füllen und die Apfelspalten in Kreisen von außen nach innen legen. Die Mitte der Tarte mit Bananenscheiben auslegen.

DIE TARTE im vorgeheizten Backofen bei 180 °C (Umluft) etwa 25–30 Minuten backen. Noch heiß mit Haselnusskrokant bestreuen.

ZUTATEN

FÜR DEN TEIG:

300 g Mehl
1 Pck. Backpulver
70 g Zucker
2 Pck. Vanillezucker
7 EL Milch
7 EL Öl
150 g Quark
Saft von 1 unbehandelten Zitrone

FÜR DIE FÜLLUNG:

Wahlweise:
Je eine Handvoll in Rum eingelegte Rosinen,
grob zerkleinerte Mandeln oder Nüsse
oder 3 EL Schokoaufstrich
100 g Marzipanrohmasse

AUSSERDEM:

6–8 Äpfel (säuerliche Sorte, z. B. Boskop)

Äpfel im Schlafrock

ZUBEREITUNG

FÜR DEN TEIG Mehl und Backpulver in einer Rührschüssel vermischen. Dann die übrigen Teigzutaten dazugeben und alles mit einem Holzlöffel verrühren. Zum Schluss den Teig mit den Händen kneten. Er soll sich elastisch anfühlen. Sollte er an den Händen kleben, noch etwas Mehl einarbeiten. Den Teig beiseitestellen.

Äpfel im Schlafrock

DIE ÄPFEL waschen, abtrocknen und mit dem Apfelausstecher die Kerngehäuse ausstechen. Das eine Ende jeden Apfels mit einem kleinen Stück Marzipanrohmasse verschließen und die Äpfel nach Belieben mit Rosinen, Nüssen, Mandeln oder Schokoaufstrich (Zimmertemperatur, evtl. etwas erwärmen, damit die Masse flüssig wird) füllen. Dabei die Füllung mit dem Finger etwas hineindrücken. Abschließend die noch freie Öffnung mit einem Stück Marzipan verschließen.

DEN BACKOFEN auf 160 °C Ober- und Unterhitze vorheizen. Den Teig noch einmal kurz durchkneten und in 2 Stücke teilen. Ein Teigstück auf der bemehlten Arbeitsfläche dünn ausrollen. Einen Apfel darauf setzen und mit einem Messer einen Teigkreis darum herum ausschneiden. Er muss im Durchmesser groß genug sein, um den Teig nach oben um den Apfel zu klappen und ihn ganz zu bedecken. Eventuelle Lücken im Teig dabei etwas übereinanderziehen und gut andrücken. So mit dem restlichen Teig und allen Äpfeln verfahren. Die Äpfel im Schlafrock 35–40 Minuten backen, bis die Teighülle eine goldbraune Farbe angenommen hat.

TIPP: Am besten schmecken die Äpfel im Schlafrock, wenn sie noch warm in heißer Vanillesauce mit Rosinen und Nüssen serviert werden. Für Kinder kann man die Rosinen statt in Rum in Apfelsaft einlegen.

ZUTATEN

750 g Äpfel
(möglichst saure Sorte, z. B. Boskop oder Jonagold)
150 g Zucker
2–3 EL Apfelbrand, z. B. Apfelkorn
200 g Nüsse nach Belieben
(Hasel- oder Walnüsse bzw. Mandeln)
500 g Mehl
1 Pck. Backpulver
200 g Rosinen

Apfelbrot

ZUBEREITUNG

DIE ÄPFEL schälen, entkernen und in kleine Stücke schneiden. Mit Zucker und Apfelkorn vermischen und über Nacht ziehen lassen.

AM NÄCHSTEN TAG alle übrigen Zutaten in eine Schüssel geben, vermengen und die eingeweichten Apfelstücke hinzugeben. Alles gut vermischen und in eine gefettete oder mit Backpapier ausgelegte Kastenform füllen. Die Form sollte für 1,5–2 kg geeignet sein. Bei 220 °C Ober- und Unterhitze (Umluft: 200 °C) ca. 60–70 Minuten backen.

TIPP: *Wer es kräftiger mag, kann noch 1–2 TL Zimt und Kakao unterrühren. So bekommt das Apfelbrot zur Weihnachtszeit einen kräftigeren Geschmack und eine schöne braune Farbe. Apfelbrot schmeckt zum Kaffee, serviert mit Butter und/oder Konfitüre.*

Apfelbrot

Apfel-Crumble

ZUTATEN
250 g weiche Butter
200 g Haferflocken
100 g Mehl
150 g brauner Zucker
2 TL Zimtpulver
1 kg Äpfel nach Belieben
Saft von 1 Zitrone

Apfel-Crumble

ZUBEREITUNG
DEN BACKOFEN auf 180 °C vorheizen. Butter mit Haferflocken, Mehl, Zucker und Zimt in einer Schüssel kräftig zu Streuseln verkneten.

DIE ÄPFEL waschen, entkernen und in grobe Stücke schneiden. Mit etwas Zitronensaft beträufeln, damit sie sich nicht bräunlich verfärben. In einer Auflaufform flach ausbreiten und die Streuselmasse auf den Äpfeln verteilen. Auf der mittleren Schiene im Backofen 25 Minuten backen und sofort servieren. Dazu passt Eis (Sorte nach Belieben).

TIPP: *Statt Äpfeln kann man für diesen Crumble je nach geschmacklicher Vorliebe auch andere Früchte wählen.*

ZUTATEN *(für 4 Personen)*

4 Äpfel
4 TL Zucker
4 EL Weißwein oder Zitronensaft
150 g Mehl
1 EL Öl
125 ml helles Bier
Salz
2 Eier
Fett für die Pfanne (Öl oder Butter)
3 EL Zucker
1 Prise Zimt

Apfelküchle

MIT ZUCKER & ZIMT

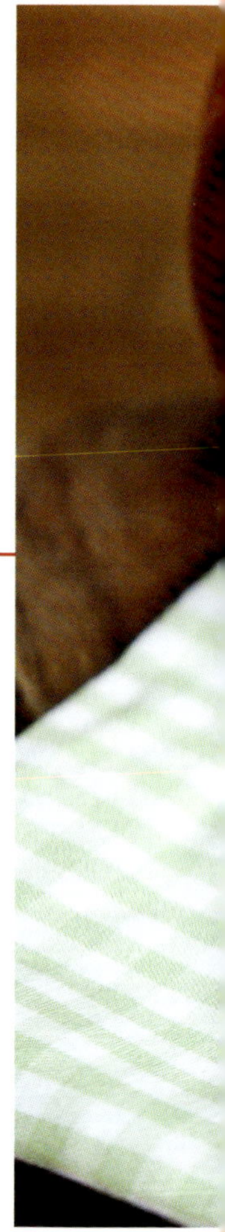

ZUBEREITUNG

DIE ÄPFEL schälen, das Kerngehäuse ausstechen. Die Äpfel dann quer in daumendicke Scheiben schneiden. Anschließend mit dem Zucker bestreuen, mit Weißwein bzw. Zitronensaft beträufeln und eine ½ Stunde ziehen lassen.

WÄHRENDDESSEN Mehl, Öl, Bier und eine Prise Salz verrühren. Die Eier trennen. Das Eigelb in die Masse einrühren, das Eiweiß steif schlagen und erst dann unterheben.

DIE APFELSCHEIBEN in den Teig eintauchen und in heißem Fett in der Pfanne goldbraun backen. Zwischendurch wenden. Aus der Pfanne heben und auf Küchenkrepp abtropfen lassen.

DEN ZUCKER mit einer Prise Zimt, je nach Geschmack, vermischen und die gebackenen Apfelküchle damit bestreuen.

Apfelküchle

MIT ZUCKER & ZIMT

TIPP: *Für dieses Rezept eignet sich eine säuerliche Apfelsorte wie Boskop besonders gut. So schmecken die Apfelküchle am besten.*

Apfelküchlein

TIPP: *Am besten schmecken die Apfelküchlein, wenn sie noch warm sind*

ZUTATEN

1 kg Äpfel
Saft von ½ Zitrone
250 g Butter oder Margarine
200 g Zucker
1 Pck. Vanillezucker
1 Prise Salz
4 Eier
400 g Mehl
1 Pck. Backpulver
½ TL Zimt
2 EL Puderzucker

Apfelküchlein

ZUBEREITUNG

DIE ÄPFEL vierteln, entkernen und schälen, in kleine Stücke schneiden und mit Zitronensaft beträufeln, damit sie nicht braun werden.

FÜR DEN TEIG Butter (oder) Margarine, Zucker, Vanillezucker und Salz schaumig schlagen. Die Eier nach und nach dazugeben. Mehl, Backpulver und Zimt mischen und löffelweise unter die Ei-Masse rühren. Zum Schluss die Apfelstücke unterheben.

DEN BACKOFEN auf 200 °C Ober- und Unterhitze vorheizen. Ein Backblech mit Backpapier auslegen, Teighäufchen (jeweils etwa 2 EL) darauf setzen und 15–20 Minuten backen. Der Teig sollte für ca. 25 Küchlein ausreichen. Vor dem Servieren mit Puderzucker bestreuen.

ZUTATEN

700 ml Apfelsaft
200 ml Maracujasaft
1 Tasse Matcha-Tee (kräftig aufbereiten)
350 g Zucker
1 Pck. Gelfix Super 3:1
2 Äpfel
20 ml Zitronensaft

Apfel-Matcha-Gelee

ZUBEREITUNG

APFELSAFT, Maracujasaft und Matcha-Tee in einen großen Topf geben. Zucker und Gelierzucker gut miteinander vermengen und dazugeben. Unter Rühren aufkochen lassen und mindestens 3 Minuten sprudelnd kochen. Kurz vor Ende der Kochzeit die zuvor sehr klein gewürfelten Äpfel hinzufügen und nach Belieben mit etwas Zitronensaft abschmecken.

1 TL GELEE auf einen kleinen Teller geben. Wenn dieser fest wird, ist das Gelee fertig und kann in zuvor heiß ausgespülte Schraubgläser eingefüllt werden. Die Gläser randvoll mit Gelee füllen, verschließen und auf einem feuchten Geschirrtuch 5 Minuten auf den Kopf stellen. Danach die Gläser wieder umdrehen und auskühlen lassen.

Apfel-Matcha-Gelee

Apfel-Rhabarber-Schnitte

ZUTATEN

(für 6 Personen)

VANILLECREME:

250 ml Milch
100 g Eigelb
100 g Rohrzucker
1 Vanilleschote
20 g Speisestärke
250 g Quark

RHABARBER-MOUSSE:

3 Stangen Rhabarber

APFELKOMPOTT:

2 Äpfel
etwas Puderzucker

KNUSPERBLÄTTER:

Strudelblätter nach Belieben (Je nach Größe, in der sie ausgestochen werden. Gebraucht werden mindestens 3 Knusperblätter pro Türmchen.)
etwas Butter
etwas Puderzucker

SAHNE-KARAMELL:

150 g Zucker
1 TL Zitronensaft
80 ml Sahne

FÜR DIE FERTIGSTELLUNG:

1 Becher Sahne

Apfel-Rhabarber-Schnitte

ZUBEREITUNG

FÜR DIE VANILLECREME Speisestärke, Zucker und Eigelb miteinander verrühren. Milch und Vanillemark in einen Topf geben und zum Kochen bringen. Nun die heiße Milch nach und nach unter ständigem Rühren auf die Eigelb-Mischung geben. Die Creme dann durch ein Sieb passieren und erneut zum Kochen bringen, dabei immer weiterrühren. Wenn die Creme die ersten Blasen wirft, für 1 Minute kräftig umrühren und vom Herd nehmen. Im Kühlschrank abkühlen lassen.

RHABARBER in einem hohen Topf ohne Zugabe von Zucker oder anderen Gewürzen einkochen lassen. Die Flüssigkeit nach und nach verdunsten lassen, dabei die Masse immer wieder umrühren, da sie ansonsten schnell anbrennt. Die Mousse einkochen, bis sie eine dickliche Konsistenz aufweist. Dann mit dem Stabmixer einmal durchmixen. Abdecken und kalt stellen.

ÄPFEL SCHÄLEN und entkernen, klein würfeln und in einem Topf mit wenig Puderzucker kurz anschwitzen. Abdecken und abkühlen lassen. Die Apfelwürfel sollen weich, aber nicht völlig ausgewässert sein.

JE 4 STRUDELBLÄTTER von einer Seite mit flüssiger Butter bestreichen, übereinanderlegen und fest andrücken. In der gewünschten Form ausstechen und in Butter von beiden Seiten knusprig frittieren. Abtupfen und mit Puderzucker bestreuen.

FÜR DEN SAHNE-KARAMELL den Zucker in einem Topf langsam schmelzen und erst umrühren, wenn fast der ganze Zucker geschmolzen ist. Den Zucker braun werden lassen, dann mit einigen Tropfen Zitronensaft ablöschen und die flüssige Sahne dazugeben. Die Karamellmasse aufkochen und glatt rühren. Auskühlen lassen. Der ausgekühlte Karamell sollte sehr zähfließend und von dicklicher Konsistenz sein.

FÜR DAS ANRICHTEN auf jedes Knusperblatt etwas Mousse und Kompott geben. 100 g Vanillecreme mit 1 EL Sahnekaramell vermischen und 1 EL steif geschlagene Sahne vorsichtig unterheben. Je 1 EL Sahne auf das Kompott geben. Nun noch einmal eine Schicht Knusperblatt – Mousse – Kompott – Karamellsahne darüber geben und mit einem Knusperblatt abschließen.
Mit Puderzucker bestäuben.

Apfel-Schichtcreme

ZUTATEN *(für 8 Personen)*

FÜR DAS APFELKOMPOTT:
1,5 kg Äpfel (Boskop)
2 Zimtstangen
Schale von 1 unbeh. Zitrone
4 EL Zitronensaft
4 EL Wasser
60 g Zucker
1 Pck. Vanillezucker

FÜR DIE CREME:
500 g Mascarpone
500 g Vanillejoghurt
2 EL Zitronensaft
40 g Zucker

AUSSERDEM:
75 g Amarettini

Apfel-Schichtcreme

ZUBEREITUNG

DIE ÄPFEL schälen, vierteln, entkernen und in Stücke schneiden. Die Zitrone mit heißem Wasser gründlich abwaschen, schälen und auspressen.

FÜR DAS KOMPOTT die Äpfel mit den Zimtstangen, der Zitronenschale, dem Zitronensaft, Wasser, Zucker und Vanillezucker zugedeckt aufkochen und bei kleiner Hitze ca. 10 Minuten garen. Danach die Zimtstangen und die Zitronenschale herausheben. Das Apfelkompott mit dem Schneebesen durchrühren, um die jetzt weichen Apfelstücke zu zerkleinern. Auskühlen lassen und nach Belieben nachsüßen.

FÜR DIE CREME Mascarpone, Vanillejoghurt, Zitronensaft und Zucker miteinander verrühren.

DIE AMARETTINI grob zerstoßen. Das funktioniert gut in einem verschlossenen Gefrierbeutel.

ZUM SCHLUSS das Apfelkompott, die Mascarponecreme und abschließend die Amarettinibrösel in eine Schüssel oder in Portionsgläser schichten.

ZUTATEN

100 g Löffelbiskuits
1 Päckchen (oder Fläschchen) Rumaroma
700 g Apfelmus
250 g Magerquark
250 g Mascarpone oder anderer Frischkäse
2 EL Milch
100 g Zucker
1 Päckchen Vanillezucker
200 ml Sahne
1 Päckchen Sahnesteif
2 TL Kakaopulver

Apfeltraum

ZUBEREITUNG

EINE AUFLAUFFORM mit den Löffelbiskuits auslegen. Die Löffelbiskuits mit dem Rumaroma beträufeln. Das Apfelmus daraufgeben und die Oberfläche glatt streichen. Quark, Mascarpone, Milch, Zucker und Vanillezucker gut miteinander verrühren. Die Sahne mit dem Sahnesteif schlagen und unter die Quarkmasse ziehen. Diese Creme auf das Apfelmus schichten, etwas glätten und dann mit einem Löffel mehrmals eindellen, so dass eine leicht wellige Oberfläche entsteht.

FÜR DIE FERTIGSTELLUNG das Kakaopulver darüberstäuben und alles abgedeckt für einen Tag im Kühlschrank durchziehen lassen.

TIPP: *Statt mit Rumaroma können Sie die Löffelbiskuits auch mit 4 EL Calvados oder mit einer Mischung aus 2 EL Calvados und 2 EL starkem erkalteten Espresso beträufeln.Apfelmus kann man auch leicht selbst machen: Ein Kilo Äpfel (am besten Boskop) schälen, entkernen und klein schneiden. Mit 2 Päckchen Vanillezucker erhitzen und zum Schluss nur grob mit einem Kartoffelstampfer zerstampfen, so dass noch Apfelstückchen übrig bleiben.*

Apfeltraum

Apfel-Zwieback-Kuchen

ZUTATEN *(für 4–6 Personen)*

FÜR DEN KUCHEN:

10 Zwiebäcke
¼ l Milch
4 Äpfel
20 g Butter
40 g Zucker
2 Eier
1 unbeh. Zitrone

FÜR DIE SAUCE:

1 Pck. Vanillesaucenpulver zum Kochen
½ l Milch
20 g Zucker

Apfel-Zwieback-Kuchen

ZUBEREITUNG

DIE ZWIEBÄCKE in kleine Stücke brechen und mit der Milch übergießen. Die Äpfel schälen und in dünnen Scheiben in eine mit Backpapier ausgelegte Kastenform füllen (oben 30 cm lang und 12 cm breit). Die Schale der ganzen Zitrone abreiben und die Zitrone halbieren. Eine Hälfte auspressen und die Äpfel mit dem Saft begießen, damit sie nicht braun werden.

DIE EIER trennen und das Eiweiß sehr steif schlagen. Dann Eigelb, Butter, Zucker und Zitronenschale zu einer glatten Masse verrühren. Vorsichtig Eischnee und die eingeweichten Zwiebäcke unter die Eigelbmasse heben und alles auf den Äpfeln verteilen. Den Kuchen für ca. 30 Minuten bei 190 °C im vorgeheizten Ofen backen.

DIE VANILLESAUCE nach Packungsanweisung zubereiten. Der Apfelkuchen kann kalt oder warm mit der Vanillesauce gegessen werden.

ZUTATEN

FÜR DEN MÜRBETEIG:

220 g Mehl
1 TL Backpulver
100 g Zucker
1 Pck. Vanillezucker
1 Ei
125 g Fett
1 Prise Salz

FÜR DEN BELAG:

11 Boskopäpfel
750 g Sahne
100 g Zucker
1 Pck. Vanillezucker
1 Pck. Vanillepudding

Bratapfeltorte

ZUBEREITUNG

AUS DEN ANGEGEBENEN ZUTATEN einen Mürbeteig herstellen. Dafür zunächst das Mehl mit Salz und Backpulver in eine Rührschüssel geben, dann Zucker, Ei und weiches Fett zugeben. Auf niedrigster Schaltstufe mit den Knethaken kurz vermischen, bis ein glatter Teigkloß entsteht. Dann bis zur weiteren Verarbeitung kalt stellen.

FÜR DEN BELAG die Äpfel schälen und entkernen, nicht zerteilen. Dazu einen Apfelstecher benutzen. Die ganzen Äpfel auf den Teig stellen, 8 rundherum, 3 mittig. Sahne, Zucker, Vanillezucker und Vanillepudding aufkochen und die Masse über die ganzen Äpfel geben.

DIE TORTE im vorgeheizten Backofen ca. 75 Minuten bei 200 °C auf der mittleren Schiene backen.

Bratapfeltorte

Diabetiker-Apfelkuchen

INFO: *Bei 14 Stücken enthält ein Stück Kuchen ca. 240 kcal, 6g E, 9g F, 35g KH, davon 11g Fruchtzucker, 3 BE.*

ZUTATEN

90 g Margarine
150 g Fruchtzucker
1 unbeh. Zitrone
120 g Eigelb (= von 6 Eiern, Gr. M)
180 g Eiweiß (= von 4 ½ Eiern, Gr. M)
1 Prise Salz
750 g ungeschälte säuerl. Äpfel (z. B. Boskop, Jonagold)
1 TL flüssiger Süßstoff
360 g Mehl
1 gestr. TL Backpulver

Diabetiker-Apfelkuchen

ZUBEREITUNG

FÜR DEN TEIG die Margarine mit der Hälfte des Fruchtzuckers schaumig schlagen. Die Zitrone abreiben und den Abrieb mit den Eigelben und dem Salz unter die Masse rühren.

DIE ÄPFEL schälen, vom Kerngehäuse befreien, grob raspeln und in die Teigmasse geben. Je nach Geschmack mit ein paar Tropfen flüssigem Süßstoff abschmecken. Das Eiweiß mit dem restlichen Fruchtzucker zu steifem Schnee schlagen und anschließend unter die Apfelteigmasse geben. Dann das Mehl mit dem Backpulver vermischen, über die Teigmasse sieben und vorsichtig unterrühren, damit der Eischnee nicht zerstört wird.

IN EINE GEFETTETE mittelgroße Kastenform geben und im Umluftherd bei 180 °C (bei Ober- und Unterhitze ca. 200 °C) etwa 50 Minuten backen. Da Fruchtzucker schneller bräunt, den Backofen häufiger kontrollieren, damit nichts anbrennt.

ZUTATEN *(für 2 Personen)*
4 Scheiben Bacon
1 großer Apfel (Braeburn, Pink Lady, Boskop)
1 EL gehackter Thymian
2 Ziegenkäsetaler
2 TL Honig
Pfeffer
Fett für die Form

Gratinierte Apfelscheiben

ZUBEREITUNG

DEN BACKOFENGRILL auf höchster Stufe vorheizen.

IN EINER PFANNE die Baconscheiben langsam knusprig ausbraten und beiseitestellen.

DEN APFEL mit einem Kernausstecher entkernen und dann ungeschält in ca. 1 cm dicke Scheiben schneiden. Die Apfelscheiben im verbliebenen Speckfett 1 Minute von jeder Seite braten. Dann in eine leicht gefettete Auflaufform setzen, leicht mit Thymian bestreuen, darauf dann jeweils eine kross gebratene Baconscheibe legen. Die Ziegenkäsetaler einmal quer halbieren und jeweils eine Hälfte auf jede Apfelscheibe legen. Noch einmal mit Thymian bestreuen und mit je 1 TL Honig beträufeln. Unter dem Grill so lange gratinieren, bis der Käse leicht zu schmelzen beginnt.

Gratinierte Apfelscheiben

Haselnuss-Apfel-Torte

ZUTATEN

FÜR DEN BISKUIT:
6 Eiweiß
6 EL kaltes Wasser
250 g Zucker
6 Eigelb
75 g Grieß
1 EL Kakao
120 g gemahlene Haselnüsse
1 TL Backpulver
250 g säuerliche Äpfel

FÜR BELAG UND DEKORATION:
3 EL Aprikosenmarmelade
200 g Blockschokolade
12–16 ganze Haselnüsse
1 EL gemahlene Haselnüsse

Haselnuss-Apfel-Torte

ZUBEREITUNG

FÜR DEN BISKUITTEIG Eiweiß mit Wasser zu einem sehr festen Schnee schlagen, den Zucker dabei einrieseln lassen. Eigelb verrühren, auf den Eischnee geben und kurz unterziehen. Grieß, Kakao, Haselnüsse und Backpulver mischen und unter die Masse heben. Äpfel raspeln und unterheben. Bei 175 °C im Backofen ca. 45 Minuten backen.

APRIKOSENMARMELADE glattrühren und die heiße Torte damit bestreichen, auskühlen lassen. Die Blockschokolade schmelzen, die Torte damit überziehen und mit den Haselnusskernen und den gemahlenen Haselnüssen dekorieren.

ZUTATEN *(für ca. 6 Gläser à 220 ml Inhalt)*
4–5 saure Äpfel (z. B. Boskop)
Saft von 1 Zitrone
600 g Kürbisfruchtfleisch
(z. B. 1 kleiner Butternut)
250 ml Wasser, ½ TL Zimt
500 g Gelierzucker 2:1
4 cl Mandellikör (nach Belieben)

Kürbis-Apfel-Konfitüre

ZUBEREITUNG

DIE ÄPFEL SCHÄLEN, vom Kerngehäuse befreien und fein raspeln. Abwiegen und in einem großen hohen Topf mit dem Zitronensaft mischen. Den Kürbis schälen, aufschneiden, Kerne entfernen, das Fruchtfleisch ebenfalls fein raspeln und abwiegen. Dann zu den Äpfeln geben, Wasser hinzufügen und die Kürbis-Apfel-Mischung weich kochen. Anschließend grob pürieren und abkühlen lassen.

IM NÄCHSTEN SCHRITT Zimt und Gelierzucker zufügen und aufkochen. Unter ständigem Rühren mindestens 3 Minuten sprudelnd kochen lassen. Die Gelierprobe machen. Den Topf von der heißen Herdplatte ziehen und den Mandellikör unterrühren.

DIE HEISSE KONFITÜRE randvoll in die sauberen, heiß ausgespülten Gläser füllen und diese fest verschließen. Für 5 Minuten auf den Deckel stellen.

Kürbis-Apfel-Konfitüre

TIPP: *Durch Zugabe von Gewürzen, frischen Kräutern, Nüssen oder Blüten lässt sich das Aroma von Marmeladen bzw. Konfitüren wunderbar variieren und verfeinern. Dabei werden Gewürze wie z. B. Zimt direkt zu Beginn der Kochzeit, frische Kräuter, gehackte Nüsse und Blüten erst in der letzten Minute vor Ende der Kochzeit hinzugefügt.*

Mexikanische Apfeltorte

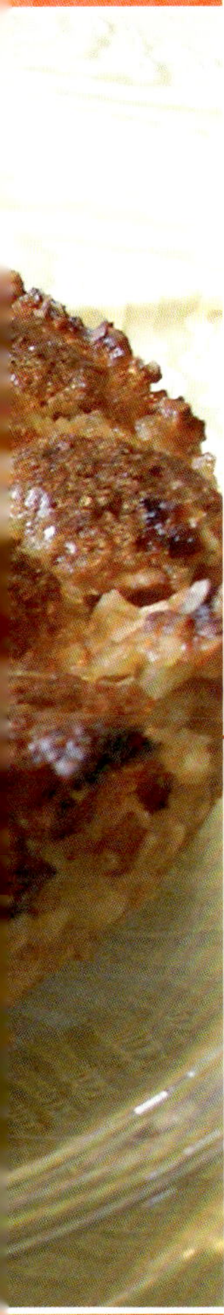

ZUTATEN

FÜR DEN RÜHRTEIG:

150 g Butter
100 g Zucker
1 Pck. Vanillezucker
3 Eier
125 g Blütenzarte Kölln-
flocken
50 g Mehl
1 geh. TL Backpulver
Schalenabrieb von
1 unbeh. Zitrone
1 Prise Salz
Blütenzarte Köllnflocken
zum Ausstreuen der Form

FÜR DIE FÜLLUNG:

500 g Äpfel
Saft von einer
½ Zitrone
40 g Butter
75 g gehackte
Mandeln
50 g Zucker

Mexikanische Apfeltorte

ZUBEREITUNG

FÜR DIE FÜLLUNG die Äpfel schälen, zerkleinern und zusammen mit dem Saft einer halben Zitrone dünsten. Nach dem Erkalten mit der geschmolzenen Butter, Mandeln und Zucker vermischen.

FÜR DEN RÜHRTEIG aus den Zutaten einen Rührteig herstellen und davon ¾ in eine gefettete und mit Haferflocken ausgestreute Springform geben. Die Füllung darauf verteilen und vom Rest des Teigs mit einem Teelöffel kleine Häufchen auf die Füllung setzen.

IM VORGEHEIZTEN BACKOFEN ca. 60 Minuten bei 190 °C auf der unteren Einschubleiste backen.

ZUTATEN

250 g Margarine
4 Eier
250 g Zucker
1 Pck. Vanillezucker
250 g Mehl
1 Pck. Backpulver
50 g gemahlene Haselnüsse
1 EL Zimt
4 EL Rum
3 dicke Äpfel (am besten Boskop)
50 g Vollmilch- oder Zartbitterschokolade
Puderzucker

Russischer Apfelkuchen

ZUBEREITUNG

ZUERST DIE MARGARINE mit den Eiern, dem Zucker und dem Vanillezucker schaumig schlagen. Dann Mehl und Backpulver darüber sieben und die gemahlenen Haselnüsse dazugeben. Mit dem Mixer zu einem glatten Teig verrühren, danach Zimt und Rum unterrühren.

DIE SCHOKOLADE in grobe Stücke hacken, die Äpfel schälen, entkernen und in kleine Stücke schneiden. Zuerst die Schokoladenstücke in den Teig einarbeiten. Zum Schluss die Apfelstücke dazu-geben und vorsichtig untermengen.

DEN BACKOFEN kurz auf 175 °C vorheizen. Den Teig in eine gefettete Springform (Durchmesser 26 oder 28 cm) geben und ca. 1 Stunde backen. Nach dem Erkalten mit Puderzucker bestreuen.

Russischer Apfelkuchen

Strudelbonbons mit Apfelragout

ZUTATEN

50 g Ricotta
45 g Crème fraîche
1 Eigelb
1 TL Vanillepuddingpulver
3 Äpfel
1 Eiweiß
1 EL Zucker
8 Strudelteigblätter
etwas flüssige Butter

FÜR DAS RAGOUT:
4 Äpfel
50 g Zucker
500 ml Apfelsaft
1 Zimtstange
6 Pimentkörner
Mark von 1 Vanilleschote
1 EL Speisestärke
2 cl Grappa

Strudelbonbons mit Apfelragout

ZUBEREITUNG

RICOTTA mit Crème fraîche, Eigelb und Puddingpulver verrühren. Die Äpfel schälen, entkernen und auf einer Reibe grob raspeln. Die Apfelraspel in ein Küchentuch geben, gut ausdrücken und unter die Ricottamasse heben. Das Eiweiß mit dem Zucker zu Schnee schlagen und unter die Apfelmasse ziehen.

DEN BACKOFEN auf 180 °C vorheizen. Jeweils 2 Strudelteigblätter mit flüssiger Butter bestreichen, übereinanderlegen und vierteln. Die Füllung jeweils auf dem einen Ende länglich verteilen und dann aufrollen, dabei an jeder Seite einen Rand von ca. 1,5 cm lassen, damit man die Enden wie bei einem Bonbon zusammendrücken bzw. zusammendrehen kann. Mit der Naht nach unten auf ein mit Backpapier ausgelegtes Backblech geben. Die Päckchen ca. 15–20 Minuten goldbraun backen.

FÜR DAS RAGOUT die Äpfel schälen, entkernen und fein würfeln. Den Zucker in einem Topf karamellisieren und mit dem Apfelsaft ablöschen. Die Gewürze und das Vanillemark zugeben. Den Saft auf die Hälfte einköcheln lassen. Dann den Sud einmal durch ein Sieb geben. Die Apfelwürfel hinzufügen und kurz aufkochen. Die Speisestärke mit dem Grappa glatt und unter das Apfelragout rühren.

ZUTATEN

2 Äpfel (säuerliche Sorte)
2 EL frisch gepresster Zitronensaft
50 g Mandelblättchen
2 EL Butter
2 EL Zucker
500 g Spätzle
2 EL Zimt-Zucker-Mischung

FÜR DIE VANILLESAUCE:
2 Eigelb
1 l Milch
30 g Speisestärke
60 g Zucker
1 Vanilleschote

Süße Spätzle mit Äpfel

ZUBEREITUNG

FÜR DIE VANILLESAUCE die Eigelbe in einer Schüssel cremig schlagen. 6 EL Milch in einer Tasse mit der Speisestärke zu einer glatten Masse rühren. Die restliche Milch zusammen mit dem Zucker in einen Topf geben, die Vanilleschote aufschneiden und mit einem Löffelstiel das Mark in die Milch schaben. Die Vanilleschote ebenfalls in die Milch legen, das Ganze unter Rühren zum Kochen bringen, die Vanilleschote entfernen und die Stärkemischung unterrühren. 2 Minuten unter Rühren kochen, bis die Sauce eindickt, dann vom Herd nehmen.

DIE EIERCREME einrühren und dann alles noch einmal ganz kurz (ca. ½ Minute) auf die heiße Platte stellen und aufwallen lassen. Vom Herd nehmen und in eine Sauciere füllen.

DIE ÄPFEL waschen, vierteln, entkernen, in Spalten schneiden und mit Zitronensaft beträufeln. Mandelblättchen in einer trockenen Pfanne ohne Fett rösten und herausnehmen. In der Pfanne Butter mit Zucker leicht karamellisieren, Spätzle darin anbraten. Äpfel hinzufügen, alles unter Rühren 4–5 Minuten braten. Mit der Zimt-Zucker-Mischung und den gerösteten Mandeln bestreuen und mit der Vanillesauce servieren.

TIPP: *Die Vanillesauce schmeckt sowohl heiß als auch kalt.*

Süße Spätzle mit Apfel

Herzhaftes mit Äpfeln

ZUTATEN *(für 4 Personen)*
6 Matjesfilets
1 Apfel
2 hart gekochte Eier
3 Tomaten
1 Bund Radieschen
1 kleine grüne Gurke
Salz, Pfeffer

FÜR DAS DRESSING:
1 Zwiebel
2 Zweige Dill
1 Bund glatte Petersilie
Saft von 1 Zitrone
125 ml saure Sahne

Apfel-Matjes-Salat

DIE MATJESFILETS eine ½ Stunde wässern, abtropfen lassen und in feine Streifen schneiden. Den Apfel, die Eier und die Tomaten würfeln. Die Radieschen und die Gurke in Scheiben schneiden und mit den anderen Zutaten vermengen.

DIE ZWIEBEL abziehen und würfeln, die Kräuter waschen, trocken schütteln und klein hacken. Mit Zitronensaft und saurer Sahne verrühren und über den Salat geben. Gut vermischen und mit Salz und Pfeffer abschmecken.

Apfel-Matjes-Salat

Apfel-Pilz-Pfanne

ZUTATEN *(für 4 Personen)*

1 kg gemischte Pilze
1 Zwiebel
2 EL Öl
2 kleine säuerliche Äpfel
½ Bd. Thymian
3 EL Frischkäse (Doppelrahmstufe)
2 EL Preiselbeeren
Salz, Pfeffer

Apfel-Pilz-Pfanne

ZUBEREITUNG

DIE PILZE putzen und die Stielenden abschneiden. Die Pilze je nach Größe ganz lassen oder in Stücke zerteilen.

DIE ZWIEBEL abziehen und würfeln. Etwas Öl in einer großen Pfanne erhitzen, die Zwiebel darin glasig dünsten, anschließend aus der Pfanne nehmen.

DIE ÄPFEL schälen, entkernen und in dünne Spalten schneiden. Den Thymian abbrausen, trocken tupfen und die Blättchen abzupfen. In derselben Pfanne kurz andünsten, anschließend herausnehmen.

DIE PILZE im übrigen Öl portionsweise unter Wenden goldbraun braten, salzen und pfeffern. Zwiebel, Apfelspalten und Thymian wieder zugeben. Den Frischkäse zufügen und bei milder Hitze unter Rühren schmelzen lassen, dabei nicht aufkochen. Pilzpfanne mit Preiselbeeren servieren.

ZUTATEN *(Für 4 Personen als Vorspeise oder Beilage)*

1 Radicchio
1 Bd. Schnittlauch
4 EL Schmand
2 EL körniger Senf
2 EL Apfelessig
Salz und Pfeffer
4 feste Äpfel

Apfel-Radicchio-Salat

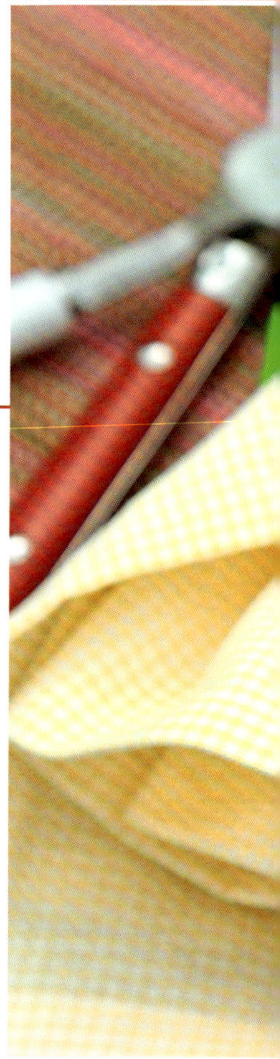

ZUBEREITUNG

RADICCHIO putzen, vierteln und in feine Streifen schneiden. Kurz abbrausen, trocken schleudern oder abtropfen lassen. Den Schnittlauch gründlich waschen, mit Küchenkrepp trocken tupfen und in Röllchen schneiden.

FÜR DAS DRESSING Schmand, Senf, Apfelessig, Salz und Pfeffer verrühren.

DIE ÄPFEL waschen, mit einem Apfelstecher entkernen und mit Schale grob raspeln.

RADICCHIOSTREIFEN, Äpfelraspel und das Dressing miteinander gut vermischen und 15 Minuten ziehen lassen.

Apfel-Radicchio-Salat

Apfelrisotto mit Pilzen

ZUTATEN *(für 4 Personen)*

FÜR DIE PILZE:
500 g frische Pilze
1 Knoblauchzehe
Öl, 2 EL Butter
4 EL frische Kräuter (Petersilie, Basilikum, Thymian)
Salz, Pfeffer

FÜR DEN RISOTTO:
2 Äpfel (säuerliche Sorte, z. B. Boskop oder Jonagold)
1 Zwiebel, 2 EL Olivenöl
350 g Risottoreis
100 ml Weißwein
ca. 1–1,25 l Geflügelbrühe
2–3 EL Butter
Salz, Pfeffer
2 EL frisch gehobelter Parmesan
3 EL Gorgonzola

Apfelrisotto mit Pilzen

ZUBEREITUNG

DIE PILZE mit einer Gemüsebürste säubern. Nur wenn unbedingt nötig, waschen und trocken tupfen.

FÜR DEN RISOTTO die Äpfel schälen und in ca. 5 mm große Würfel schneiden. Die Zwiebel abziehen und klein hacken. Zusammen mit den Apfelwürfeln in etwas Olivenöl glasig dünsten, den Reis dazugeben, kurz anschwitzen und mit dem Weißwein ablöschen. Nun die heiße Brühe nach und nach untermischen, bis der Risotto die gewünschte Konsistenz angenommen hat. Zum Schluss die Butter einrühren, mit Salz und Pfeffer abschmecken und dann Parmesan und Gorgonzola unterziehen.

DIE KNOBLAUCHZEHE abziehen und klein hacken. Eine Bratpfanne mit hohem Rand erhitzen, Öl und Butter dazugeben, den Knoblauch darin anschwitzen, die Pilze hinzufügen und braten. Das Ganze mit Salz und Pfeffer abschmecken und abschließend die Kräuter dazugeben.

ZUTATEN *(für 4–6 Personen)*
1 kg Schweinebraten (aus dem Rücken)
2 EL Honig
Salz, Pfeffer
2 EL Butter
2 EL Öl
400 ml Cidre (Apfelwein)
2 säuerliche Äpfel (z. B. Boskop)
einige Zweige Majoran bzw. Oregano
3 Zwiebeln

Apfelschmorbraten

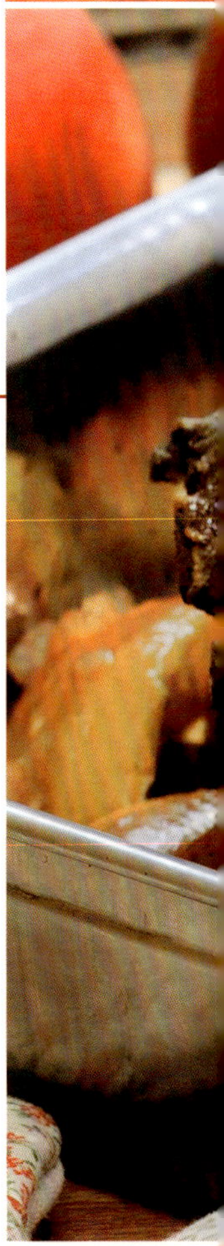

ZUBEREITUNG

DAS FLEISCH waschen und mit Küchenkrepp trocken tupfen. Dann mit Honig bestreichen und mit Salz und Pfeffer würzen. Butter und Öl zusammen erhitzen und das Fleisch von allen Seiten darin anbraten. Mit dem Apfelwein ablöschen.

DIE ÄPFEL schälen, vierteln und das Kerngehäuse entfernen. Zusammen mit den Majoran- bzw. Oreganozweigen zum Braten geben und zugedeckt ca. 30 Minuten schmoren. Die Zwiebeln abziehen, würfeln und hinzufügen. Weitere 20 Minuten schmoren.

BRATEN UND ZWIEBELN aus dem Bratenfond nehmen und warm stellen. Die Majoran- bzw. Oreganozweige ebenfalls aus dem Bratenfond herausnehmen. Den Bratenfond pürieren und mit Salz und Pfeffer abschmecken.

DEN BRATEN in Scheiben schneiden und zusammen mit den Zwiebeln und der Sauce anrichten.

Apfelschmorbraten

TIPP: *Dazu sind Rösti, Kroketten oder Pommes Dauphine passende Beilagen.*

Chinakohlsalat mit Apfel

ZUTATEN

(für 4 Personen)

1 großer Chinakohl
2 reife Äpfel (z. B. Boskop)
1 EL Zitronensaft
80 g grob gehackte Walnusshälften
2 EL Apfelessig
1 Prise Salz
1 Prise Pfeffer aus der Mühle
4 EL Walnussöl
300 g Camembert

Chinakohlsalat mit Apfel

ZUBEREITUNG

DEN BACKOFENGRILL vorheizen.

DIE EINZELNEN BLÄTTER vom Kohl lösen, waschen, die harten Blattrippen keilförmig herausschneiden und die Blätter in feine Streifen schneiden. Kurz mit heißem Wasser übergießen, kalt abschrecken und gut abtropfen lassen.

DIE ÄPFEL SCHÄLEN, vierteln, von den Kerngehäusen befreien, fein raspeln und sofort mit 1 EL Zitronensaft mischen. Die Nüsse in einer Pfanne ohne Fett goldbraun rösten und beiseitestellen.

FÜR DAS DRESSING Essig mit Salz, Pfeffer und Öl verrühren. Die Kohlstreifen mit den Apfelraspeln mischen und mit dem Dressing beträufeln.

DEN KÄSE in Scheiben schneiden, auf ein mit Backpapier belegtes Backblech legen und unter dem vorgeheizten Grill leicht anschmelzen lassen.

DEN SALAT mit Käse belegen, mit Nüssen bestreuen und servieren.

ZUTATEN

(für 8 Personen)

2 kg Kalbsbrust
6 rote Äpfel
1 EL Butter
3 EL Olivenöl
2 EL Honig
Salz, Pfeffer

FÜR DIE FÜLLUNG:

2 Scheiben Toastbrot
6 dünne Scheiben Schinkenspeck
1 Zwiebel
2 Knoblauchzehen
250 g Champignons
50 g Butter
½ Bd. Petersilie
2 Eier
2 EL Sahne
Salz, Pfeffer

Gefüllte Kalbsbrust

MIT GLASIERTEN ÄPFELN

ZUBEREITUNG

BEIM EINKAUF

des Fleisches vom Metzger eine Tasche zum Befüllen der Kalbsbrust einschneiden lassen.

FÜR DIE FÜLLUNG

Toastscheiben rösten und grob zerpflücken. Schinkenspeck klein schneiden. Zwiebel und Knoblauchzehen abziehen, Champignons putzen und wie die Zwiebel und den Knoblauch grob würfeln. Diese 3 Zutaten in einem Topf 5 Minuten in der Butter unter Rühren andünsten. Dann zusammen mit Petersilie, Eiern, Toastbrot, Schinkenspeck, Sahne, Salz und Pfeffer im Mixer pürieren. Die Masse in die Fleischtasche füllen und mit Küchengarn zunähen.

Gefüllte Kalbsbrust

MIT GLASIERTEN ÄPFELN

DEN BACKOFEN auf 180 °C Ober- und Unterhitze (Umluft: 170 °C) vorheizen. Die Kalbsbrust salzen, pfeffern und im Bräter in Öl anbraten. Dann im Ofen ca. 90 Minuten weitergaren. Dabei zu Anfang ab und zu mit etwas Wasser (kleines Glas) und später mit Bratensaft begießen.

DIE ÄPFEL waschen, je nach Größe halbieren bzw. vierteln und in einem Topf rundherum in Butter und Öl anbraten. Honig hinzufügen. Sobald die Äpfel zu karamellisieren beginnen, den Topf von der heißen Herdplatte nehmen. Die Äpfel leicht salzen und pfeffern. Ca. 30 Minuten vor der Garzeit die Äpfel um die Kalbsbrust legen.

ZUM SERVIEREN die Kalbsbrust auf eine vorgewärmte Platte legen. Das Küchengarn entfernen und das Fleisch tranchieren. Dazu die glasierten Äpfel und den Bratensaft reichen.

TIPP: *Dazu schmeckt ein Kartoffelgratin – besonders in Kombination mit einem grünen Blattsalat – ganz köstlich.*

ZUTATEN *(für 4 Personen)*

1 Fasan (750 g), küchenfertig
100 g Geflügelleber
1 Stange Lauch
1 Apfel (säuerliche Sorte, z. B. Boskop)
1 Töpfchen Thymian
½ Scheibe Toastbrot
Salz, Pfeffer
4 Scheiben Frühstücksspeck

FÜR DIE SAUCE:
2 Zwiebeln
2 Äpfel (säuerliche Sorte, z. B. Boskop)
1 EL Butter
100 ml Apfelsaft
3 EL Essig (mild)
2 EL Apfelgelee oder Honig

Geschmorter Fasan

MIT LAUCHFÜLLUNG & APFEL-ZWIEBEL-SAUCE

ZUBEREITUNG

FASAN UND LEBER waschen und trocken tupfen. Die Leber klein schneiden. Lauch putzen, waschen und in Ringe schneiden. Den Apfel waschen, vierteln, entkernen und klein schneiden. Thymian waschen, eine kleine Menge für die Garnitur zur Seite legen. Restliche Blättchen abzupfen und (nach Belieben) hacken.

BROT KLEIN WÜRFELN. Brotwürfel, Lauch, Apfel, Leber und gehackten Thymian vermengen, salzen und pfeffern. Die Mischung in den Fasan füllen und diesen mit Holzspießchen verschließen. Fasan auf die Fettpfanne des Backofens legen und im vorgeheizten Ofen (E-Herd: 200 °C, Gas: Stufe 3) 1 Stunde braten. Den Fasan 20 Minuten vor Ende der Garzeit mit Speck belegen.

FÜR DIE SAUCE Zwiebeln abziehen und würfeln. Äpfel schälen, entkernen und ebenfalls würfeln. Den Fasan aus der Fettpfanne heben und abgedeckt ruhen lassen. Den Bratenfond lösen.

IN EINEM TOPF Zwiebel- und Apfelwürfel in Butter schmoren. Bratenfond, Apfelsaft und Essig dazugeben und kochen lassen. Den Apfelgelee oder Honig dazugeben und mit Salz und Pfeffer abschmecken.

TIPP: *Dazu passen Macairekartoffeln oder Kroketten sehr gut.*

Geschmorter Fasan

MIT LAUCHFÜLLUNG & APFEL-ZWIEBEL-SAUCE

Kartoffel-Apfel-Gratin

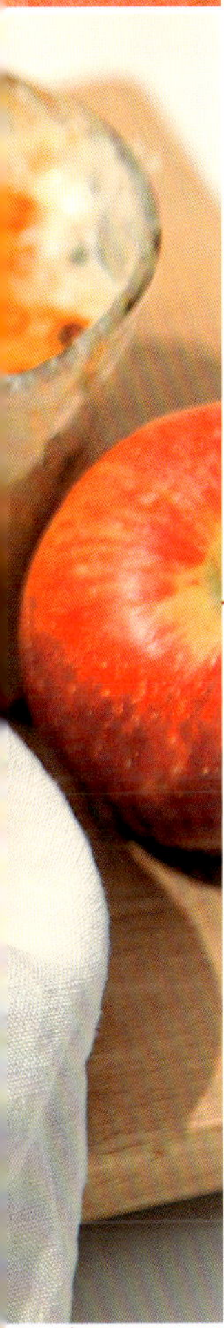

ZUTATEN

(für 2 Personen als vegetarisches Hauptgericht, für 4 Personen als Beilage)

500 g Kartoffeln
2 große Äpfel
2 rote Zwiebeln
Butter für die Form
Salz, Pfeffer
1 EL getr. Majoran
200 ml Sahne
100 ml Milch
50 g geriebener Käse (nach Belieben)

Kartoffel-Apfel-Gratin

ZUBEREITUNG

KARTOFFELN schälen, waschen und in dünne Scheiben schneiden oder hobeln. Die Äpfel waschen, vierteln, entkernen und mit Schale in dünne Spalten schneiden. Die Zwiebeln abziehen und in Ringe schneiden.

EINE AUFLAUFFORM fetten, Kartoffelscheiben, Apfelspalten und Zwiebelringe dachziegelartig darin schichten. Salzen, pfeffern und mit Majoran würzen.

DIE SAHNE und die Milch zusammen aufkochen und über die Kartoffel-Apfel-Masse gießen. Nach Belieben mit Käse bestreuen und im vorgeheizten Backofen bei 180 °C 40–45 Minuten backen.

ZUTATEN *(für 4 Personen)*

1 kg kleine Frühkartoffeln (festkochend)
1 Salatgurke
50 g Walnüsse
1 Bd. glatte Petersilie
1 säuerlicher Apfel (z. B. Boskop)

FÜR DAS DRESSING:
150 ml Apfelsaft
½ TL Zucker
3 EL milder Essig
2 TL Senf
Salz, Pfeffer
3 EL Walnuss- oder Olivenöl

Kartoffel-Apfel-Salat

ZUBEREITUNG

KARTOFFELN gründlich abspülen und mit Schale 18–20 Minuten bissfest kochen. Abgießen, kurz ausdämpfen und ganz abkühlen lassen. Die Kartoffeln halbieren oder dritteln.

DIE GURKE abspülen, trocken tupfen, grob schälen, der Länge nach halbieren und mit einem Teelöffel entkernen. Das Gurkenfruchtfleisch in ½ cm dicke Scheiben schneiden und salzen. Die Walnüsse grob hacken. Petersilie abspülen, trocken schütteln und die Blätter fein hacken. Den Apfel waschen, vierteln, das Kerngehäuse entfernen und das Fruchtfleisch in kleine Stifte schneiden.

FÜR DAS DRESSING Apfelsaft, Zucker, Essig, Senf, Salz und Pfeffer verrühren. Das Öl in einem feinen Strahl dazugießen und mit einer Gabel unterschlagen. Mit Salz und Pfeffer abschmecken.

KARTOFFELN, Gurkenscheiben und Apfelstifte mit dem Dressing mischen und mindestens 30 Minuten ziehen lassen. Anschließend noch einmal kräftig abschmecken. Petersilie und Walnüsse erst kurz vor dem Servieren unterheben.

Kartoffel-Apfel-Salat

Kartoffelpuffer mit Apfelmus

TIPP: *Kartoffelpuffer lassen sich je nach Geschmack vielfältig variieren, indem man die Hälfte der Kartoffelmenge durch ein anderes Gemüse ersetzt. Das schmeckt z. B. sehr gut wenn man noch Karotten, Kürbis, Zucchini zu den Kartoffeln hinzunimmt.*

ZUTATEN *(für 4 Personen)*

1 kg Kartoffeln
1 EL Kartoffelstärke
1 Zwiebel
2–3 Eier (je nach Größe)
1 Prise frisch geriebene Muskatnuss
1 Prise Salz und Pfeffer
Butterschmalz

FÜR DAS APFELMUS:
8 Äpfel
Wasser
evtl. Zucker

Kartoffelpuffer mit Apfelmus

ZUBEREITUNG

FÜR DIE KARTOFFELPUFFER Kartoffeln schälen, waschen, reiben und in eine Schüssel geben. Dabei eine möglichst feine Reibe verwenden, so bekommen die geriebenen Kartoffeln eine breiige Konsistenz. Die Speisestärke dazugeben. Die geriebenen Kartoffeln mit der Hand etwas ausdrücken, dann wird die Masse weniger feucht. Zügig weiterarbeiten, damit die Kartoffelmasse in die Pfanne gegeben werden kann, bevor sie sich bräunlich verfärbt. Die geriebene Zwiebel und die Eier zugeben und mit Muskat, Salz und Pfeffer würzen. Mit Butterschmalz in der Pfanne ausbraten. Auf Küchenkrepp abtropfen lassen, um das überschüssige Fett zu reduzieren. Die Kartoffelpuffer sofort servieren.

FÜR DAS APFELMUS die Äpfel schälen und entkernen. In grobe Stücke schneiden und in einen Topf geben. Wenig Wasser zugeben und bei geschlossenem Deckel kochen. Wenn die Apfelstückchen weich sind, zu Mus verrühren. Nach Belieben mit Zucker nachsüßen.

ZUTATEN *(für 4 Personen)*
ca. 125 g geräucherter Lachs
1 Apfel (Sorte: Pink Lady)
frisch gepresster Zitronensaft
4 Frühlingszwiebeln
Salz, Pfeffer
½ Salatgurke
8 Scheiben Pumpernickel (à 60 g)
4 TL Butter
1 Kästchen Kresse

Lachstatar

MIT PINK LADY AUF PUMPERNICKEL

ZUBEREITUNG

DEN LACHS fein würfeln. Den Apfel schälen, entkernen und ebenfalls fein würfeln, sofort mit dem Zitronensaft beträufeln. Die Frühlingszwiebeln putzen, waschen und in feine Ringe schneiden. Alle Zutaten mischen, salzen, pfeffern und mit Zitronensaft abschmecken.

DIE HALBE GURKE waschen und so schälen, dass einige Streifen von der Schale zurückbleiben. Die Gurke in dünne Scheiben schneiden. Pumpernickel mit Butter bestreichen, mit Gurkenscheiben überlappend belegen. Das Lachstatar darauf geben. Die Kresse vom Beet schneiden und als Topping auf die Häppchen geben.

Lachstatar

MIT PINK LADY AUF PUMPERNICKEL

Möhrensalat mit Apfel

ZUTATEN *(für 2 Personen)*
400 g Möhren
200 g Äpfel
200 g kernlose Weintrauben
30 g gehackte Walnüsse

FÜR DAS DRESSING:
2 EL Zitronensaft
1 TL Honig
Salz, Pfeffer
8 EL Olivenöl bester Qualität

Möhrensalat mit Apfel

ZUBEREITUNG

FÜR DAS DRESSING Zitronensaft, Honig, Salz, Pfeffer und Öl gründlich verrühren.

DIE MÖHREN schälen, die Äpfel schälen, vierteln, vom Kerngehäuse befreien. Beide Zutaten grob raspeln, mit dem Dressing vermengen und abschmecken.

DIE WEINTRAUBEN waschen und halbieren. Die Nüsse in einer Pfanne ohne Fett rösten. Die Trauben unter den Salat heben und die Nüsse darauf verteilen.

ZUTATEN *(für 2 Personen)*

FÜR DIE VINAIGRETTE:

1 unbehandelte Orange:
davon: 1 TL Schalenabrieb,
2 EL Saft
1 EL Balsamico-Essig
1 TL Honig
2 EL Nussöl
4–6 EL neutrales Öl
Meersalz
schwarzer Pfeffer
frische Kräuter (z. B. Schnittlauch, Estragon, Thymian, Rosmarin)

FÜR DEN SALAT:

2 Rote Beten
1 grüner Apfel
50 g Walnüsse
100 g Ziegenweichkäse

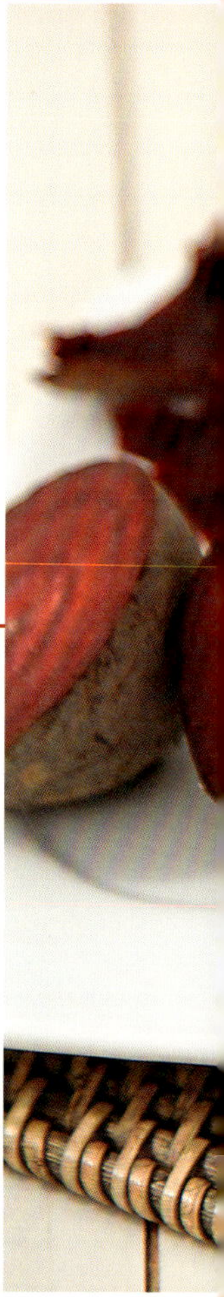

Rote-Bete-Salat

ZUBEREITUNG

DIE ROTE BETE in Salzwasser ca. 30 Minuten weich kochen, abkühlen lassen und schälen. (Es empfiehlt sich das Tragen von Einmalhandschuhen, da sich ansonsten die Haut an den Händen rot verfärbt.)

FÜR DIE VINAIGRETTE von der Orange die Schale abreiben, die Frucht danach auspressen. 2 EL Orangensaft mit Balsamico-Essig, Honig und Öl in einem hohen Küchengefäß vermengen, den Schalenabrieb untermischen und alles mit Meersalz und schwarzem Pfeffer abschmecken. Die Kräuter waschen, trocken schütteln, fein hacken und untermischen.

DIE ROTE BETEN und den Apfel grob raspeln und mit der Vinaigrette vermischen. Die Walnüsse in einer Pfanne ohne Fett kurz rösten, dann klein hacken. Die Walnüsse über den Salat streuen und den Ziegenkäse in Flocken oder Stückchen darauf setzen.

Rote-Bete-Salat

Schweinefilet AUF FRANZÖSISCHE ART

ZUTATEN

(für 4 Personen)

800 g Schweinefilet
4 cl Cognac
3 Äpfel (säuerliche Sorte)
Saft von einer ½ Zitrone
1 EL Zucker
70 ml Apfelessig
100 g Butter
1 TL frische, grob gehackte
Majoranblätter
Salz, Pfeffer
200 ml Apfelwein oder
Cidre brut
100 ml Crème fraîche

Schweinefilet AUF FRANZÖSISCHE ART

ZUBEREITUNG

DAS SCHWEINEFILET parieren, abwaschen, mit Küchenkrepp trocken tupfen. Den Cognac in das Fleisch einmassieren und Letzteres abgedeckt eine Stunde marinieren.

DIE ÄPFEL schälen und halbieren. Die Kerngehäuse herausschneiden und die Hälften in nicht allzu dünne Scheiben schneiden. In Zitronenwasser legen, damit sie nicht braun werden.

DEN ZUCKER in einem Topf oder einer schweren Pfanne zu hellbraunem Karamell schmelzen lassen, mit dem Apfelessig ablöschen und so lange rühren, bis keine Klümpchen mehr vorhanden sind. Beiseitestellen.

DIE SCHWEINEFILETS in der Hälfte der Butter von allen Seiten sanft anbraten – ca. 10 bzw. 12 Minuten. Kurz vor Ende der Garzeit die Majoranblättchen auf dem Fleisch verteilen, salzen, pfeffern, in Alufolie einschlagen und im auf 80 °C vorgeheizten Backofen ruhen lassen.

FÜR DIE SAUCE mit dem Apfelwein den Bratensatz unter Rühren aufkochen. Die Crème fraîche hineingeben, die Sauce reduzieren und durch Schwenken mit der restlichen Butter legieren. Mit Salz und Pfeffer abschmecken.

DIE APFELSCHEIBEN im aufgekochten Karamell für ca. 2 Minuten erhitzen.

DAS FLEISCH schräg in Scheiben aufschneiden und auf vorgewärmten Tellern anrichten. Die Apfelspalten anlegen und mit etwas Sauce nappieren.

Wildschweinfilet an Apfelsauce

ZUTATEN *(für 4 Personen)*

2 Zwiebeln
2 Äpfel
Zitronensaft
800 g Wildschweinfilet
Salz, Pfeffer
4 EL Butter
2 EL Öl

FÜR DIE SAUCE:
250 ml Altbier
200 ml Schmand
Zucker
Salz, Pfeffer
1 EL Kartoffelstärke
Salbeiblätter

Wildschweinfilet an Apfelsauce

ZUBEREITUNG

DIE ZWIEBELN abziehen und in Ringe schneiden. Die Äpfel schälen, halbieren, die Kerngehäuse entfernen. In Spalten schneiden und mit Zitronensaft beträufeln.

DIE FILETS in 8 Stücke schneiden und auf beiden Seiten salzen und pfeffern. In 2 EL Butter und dem Öl anbraten, die Zwiebelringe hinzufügen. Die Filets aus der Pfanne nehmen, in Alufolie einschlagen und warm halten.

DIE ZWIEBELRINGE mit dem Altbier aufgießen, aufkochen, mit Schmand, Zucker, Salz und Pfeffer abschmecken und mit der Stärke andicken.

IN EINER ZWEITEN PFANNE die restliche Butter erhitzen und die Apfelspalten mit Salbei und Zucker goldgelb anbraten. Auf einem Teller zusammen mit den Filets anrichten, mit Sauce nappieren.

Schnupper-Rezept

Stachelbeer-Waldmeister-Konfitüre

ZUTATEN
(für ca. 6 Gläser
à 220 ml Inhalt)
800 g reife Stachelbeeren
1 000 g Gelierzucker 1:1
2 EL Zitronensaft
100 ml Waldmeistersirup
100 ml Apfelsaft

ZUBEREITUNG

DIE STACHELBEEREN waschen, halbieren und die Stiele entfernen. Mit Gelierzucker, Zitronensaft, Waldmeistersirup und Apfelsaft vermengen. Über Nacht ziehen lassen.

DIE MISCHUNG am nächsten Tag aufkochen und 4 Minuten sprudelnd kochen lassen. Dabei ständig umrühren. Die heiße Konfitüre randvoll in die sauberen, heiß ausgespülten Gläser füllen. Diese sofort fest verschließen und für 5 Minuten auf den Deckel stellen.

Leckere
Marmeladen-Rezepte
96 Seiten, Spiralbindung
€ 9,95
ISBN 978-3-7843-5126-1

… und 39 weitere unwiderstehliche

Stachelbeer-Waldmeister-Konfitüre

Marmeladen, Konfitüren & Gelees der „Leckere …"-Erfolgsreihe.

Schnupper-Rezept

Schokoladensoufflé

ZUTATEN

(für 6 Personen)
200 g Bitterschokolade
(70 % Kakaogehalt)
4 Eigelb, 5 Eiweiß
3 EL flüssige Schlagsahne
2 EL Zucker
Butter zum Einfetten

ZUBEREITUNG

SECHS FÖRMCHEN mit zerlassener Butter ausfetten und in den Kühlschrank stellen. Die Schokolade im heißen Wasserbad schmelzen und mit der Sahne verrühren. Von der Herdplatte nehmen und nach und nach die Eigelbe mit dem Schneebesen unterziehen, bis die Masse glatt und cremig ist. Das Eiweiß in einem hohen Rührbecher sehr steif schlagen, dabei den Zucker einrieseln lassen. Dann den festen Eischnee vorsichtig unter die lauwarme Soufflémasse heben.

DIE FÖRMCHEN zu zwei Dritteln mit der Soufflé-masse befüllen und die Oberfläche glatt streichen. Im vorgeheizten Backofen bei 180 °C 10 bis 15 Minuten ausbacken. Sofort servieren.

Leckere
Schokoladen-Sünden
96 Seiten, Spiralbindung
€ 9,95
ISBN 978-3-7843-5076-9

... und 33 weitere üppige

Schokoladensoufflé

Schokoladen-Rezepte der „Leckere …"-Erfolgsreihe.

LV·Buch
im Landwirtschaftsverlag GmbH,
48084 Münster

2. Auflage 2014

Impressum

FOTOS:
Eillen Gruschka, Münster
außer:
Nitschke Fotografen, Bielefeld,
Seiten 15, 32, 47
Detlef Güthenke, Gütersloh,
Seiten 20, 36
Schlag & Schmitz GmbH, Emsdetten,
Seiten 8, 11, 31
Heike Oltmanns/Petra Temmen, Uplengen,
Seiten 35, 40, 44
Merle Cramer, Münster,
Seiten 43, 63, 67, 71, 75, 76

LEKTORAT:
Sabine Deing-Westphal, Rhede

GESTALTUNG:
Monika Wagenhäuser, LV·Buch

DRUCK:
Griebsch & Rochol Druck GmbH & Co. KG,
Hamm

ISBN 978-3-7843-5274-9